Mi primer libro sobre inteligencia artificial

© Del texto: Nerea Luis Mingueza, 2025
© De las ilustraciones: Ignacio Hernández, 2025
Representado por Tormenta
www.tormentalibros.com
© De esta edición: Grupo Anaya, S. A., 2025
Valentín Beato, 21. 28037 Madrid
www.anayainfantilyjuvenil.com

Primera edición, enero 2025

ISBN: 978-84-143-4260-2
Depósito legal: M-24874-2024
Impreso en España - *Printed in Spain*

PAPEL DE FIBRA
CERTIFICADA

Mi primer libro sobre inteligencia artificial

Nerea Luis Mingueza

Ilustraciones de Ignacio Hernández

ANAYA

¡Hola, mundo!

En este libro vas a descubrir cómo la tecnología ha cambiado y sigue cambiando nuestro mundo.

Hablaremos de programación, el arte de escribir instrucciones para que los ordenadores hagan lo que nosotros queramos, y nos adentraremos en el asombroso mundo de los robots.

Descubrirás los secretos de la inteligencia artificial, donde las máquinas aprenden de nosotros y nos ayudan a tomar decisiones. Exploraremos cómo la tecnología, Internet y la inteligencia artificial nos entretienen y nos ayudan en nuestro hogar, y soñaremos con lo que el futuro podría traernos.

¡Comencemos esta aventura tecnológica!

La magia de programar

Programar es como escribir una receta que le dice a un ordenador exactamente qué hacer. Imagina que quieres que un robot guarde los juguetes en una caja. Necesitas darle instrucciones paso a paso para que sepa cómo hacerlo. Estas instrucciones se llaman «código de programación».

72 65 63
6F 67 65
20 65 6C
20 6A 75
67 75 65
74 65

Hoy en día, programar no es solo para científicos o ingenieros. Cualquiera puede aprender a programar, y hay muchos recursos para empezar. Herramientas como Scratch permiten crear juegos y animaciones sin necesidad de saber matemáticas complicadas. Es divertido y te permite usar la imaginación.

Internet: la red de redes

Internet es como una gran telaraña que conecta ordenadores y móviles de todo el mundo.

Cuando envías un mensaje o buscas algo en Internet, tu dispositivo se comunica con otros para encontrar y enviar la información que necesitas.

Hoy en día, usamos Internet para casi todo. Podemos hacer videollamadas, ver películas, escuchar música, y hasta hacer los deberes.

Y cada vez más dispositivos en nuestras casas están conectados a Internet, como frigoríficos, lavadoras inteligentes o luces que puedes controlar desde el teléfono.

¡Hola, robot!

Un robot es una máquina que puede hacer tareas por sí misma o con ayuda de las personas. Los robots pueden ser de muchas formas y tamaños, y están diseñados para ayudar en diferentes tipos de trabajos.

Los primeros robots «reales» aparecieron en las fábricas en el siglo XX.

Hay robots famosos, como Shakey. Fue uno de los primeros robots capaces de tomar decisiones por sí mismo y de moverse en un entorno. ¡Y lo crearon hace sesenta años!

Los robots funcionan gracias a su «cerebro» y a sensores que les ayudan a percibir el mundo que les rodea.

Por ejemplo, un robot puede tener sensores para detectar obstáculos y evitar chocar con ellos. Algunos robots también tienen cámaras para ver o micrófonos para oír. Los sensores son como los sentidos del robot, y su cerebro es una especie de ordenador que toma decisiones basadas en la información que recibe.

BiP BiP

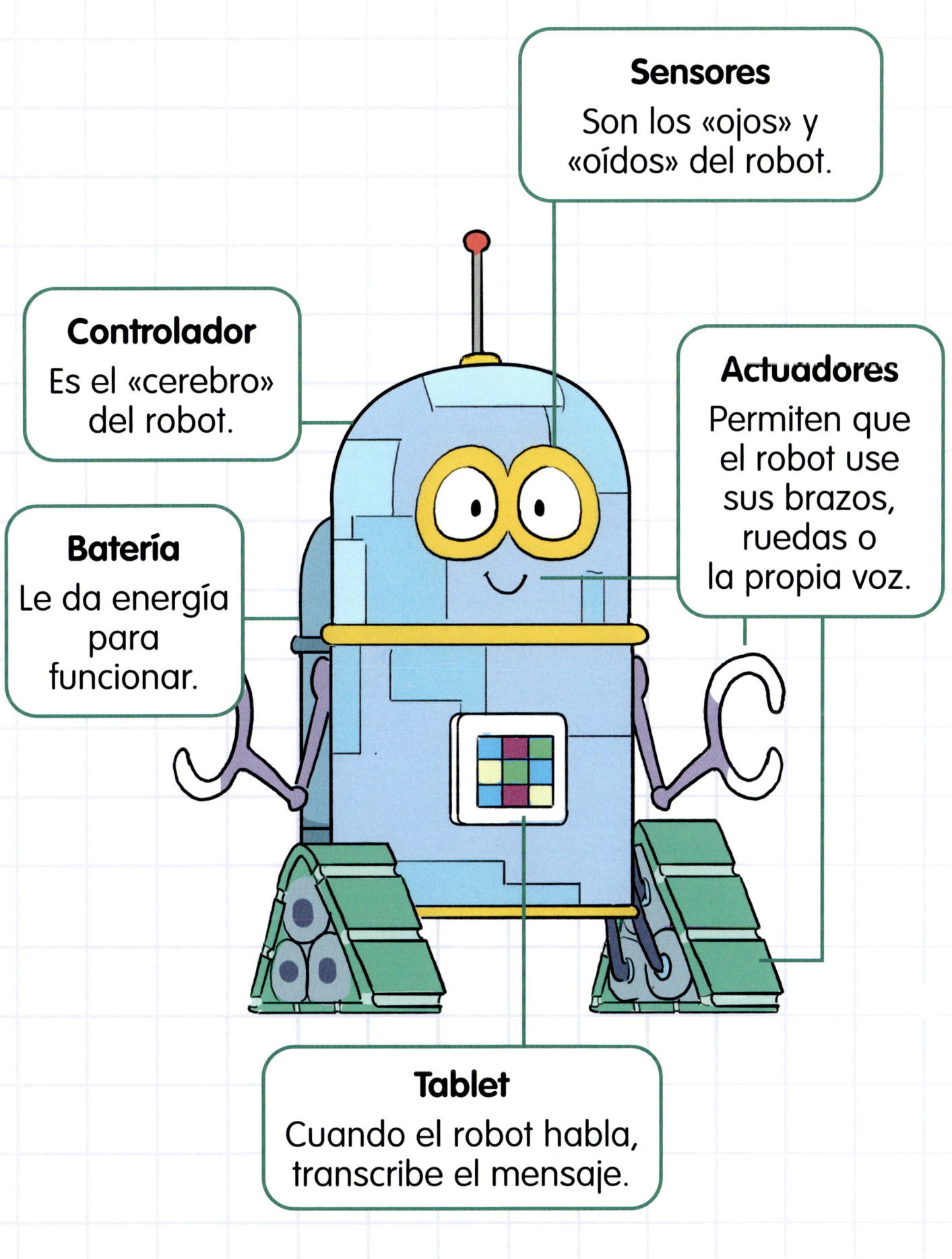

Sensores
Son los «ojos» y «oídos» del robot.

Controlador
Es el «cerebro» del robot.

Actuadores
Permiten que el robot use sus brazos, ruedas o la propia voz.

Batería
Le da energía para funcionar.

Tablet
Cuando el robot habla, transcribe el mensaje.

En las fábricas, los robots ayudan a construir coches, ensamblar dispositivos electrónicos, empaquetar alimentos...

Los robots pueden trabajar muy rápido y con gran precisión, haciendo el proceso más eficiente y seguro para los humanos.

La exploración espacial es otra área donde los robots son cruciales, como los *rovers* Curiosity y Perseverance, que recorren la superficie de Marte. Los *rovers* están equipados con instrumentos científicos para analizar rocas y suelo, buscar signos de vida pasada y enviar datos a la Tierra.

La inteligencia artificial

La inteligencia artificial (IA) es una tecnología que permite a las máquinas aprender a partir de datos. Es como construir una especie de cerebro a los ordenadores para que nos ayuden a resolver problemas más rápido.

Gracias a la IA, los ordenadores pueden realizar tareas que antes solo estaban al alcance de las personas, como reconocer caras en las fotos o jugar al ajedrez.

Las máquinas aprenden de manera similar a como aprendemos nosotros. Primero, se les dan muchos datos; por ejemplo, para que un ordenador aprenda a reconocer gatos en las fotos, se le muestran miles de fotos de gatos. Luego, el ordenador encuentra patrones y aprende a identificar gatos por sí mismo.

Al combinar la IA con los robots, obtenemos robots inteligentes que pueden realizar tareas complejas.

Un buen ejemplo son los robots de Boston Dynamics, como Spot y Atlas. Spot puede moverse como un perro y navegar por terrenos difíciles, mientras que Atlas puede caminar, correr e incluso hacer acrobacias.

Estos robots son muy útiles en misiones de rescate y en lugares peligrosos para las personas.

En el DARPA Robotics Challenge, robots de todo el mundo compiten para realizar tareas de rescate en situaciones peligrosas, como desactivar bombas o entrar en edificios colapsados.

En mi día a día

La tecnología no solo nos ayuda a trabajar y estudiar, también nos ofrece muchas maneras de divertirnos.

Los videojuegos son una de las formas más populares de entretenimiento, y muchos de ellos usan IA, por ejemplo para generar mundos infinitos o adaptarse a las acciones del jugador.

Algunas tiendas de ropa usan IA para recomendarte qué ropa comprar basándose en tus gustos y en lo que ya tienes. Además, hay espejos inteligentes que pueden mostrarte cómo te quedaría una prenda sin que te la pongas.

Existen aplicaciones que utilizan IA para ayudar a componer música o a crear textos e imágenes. Esto ha suscitado un intenso debate en la sociedad, por ejemplo, sobre si es bueno que las máquinas participen en la creación artística, que es algo tan humano.

Los asistentes inteligentes, como Alexa de Amazon, Google Assistant y Siri de Apple, son ejemplos de IA.

Pueden responder preguntas, reproducir música, controlar otros dispositivos... Por ejemplo, puedes pedirle a Alexa que apague las luces o incluso que te lea un cuento antes de dormir.

El futuro de la tecnología en el hogar es muy emocionante. Con el tiempo, veremos casas aún más inteligentes, donde todos los dispositivos están conectados y pueden comunicarse entre sí.

Imagina que tu nevera hiciera la lista de la compra automáticamente cuando se esté acabando la comida. ¡El futuro está lleno de posibilidades sorprendentes!

En los próximos años

Quizá el primer coche que te compres de mayor sea un coche autónomo. Estos coches se conducirán solos, llevando a las personas a sus destinos de manera segura y eficiente sin que tengan que tocar el volante.

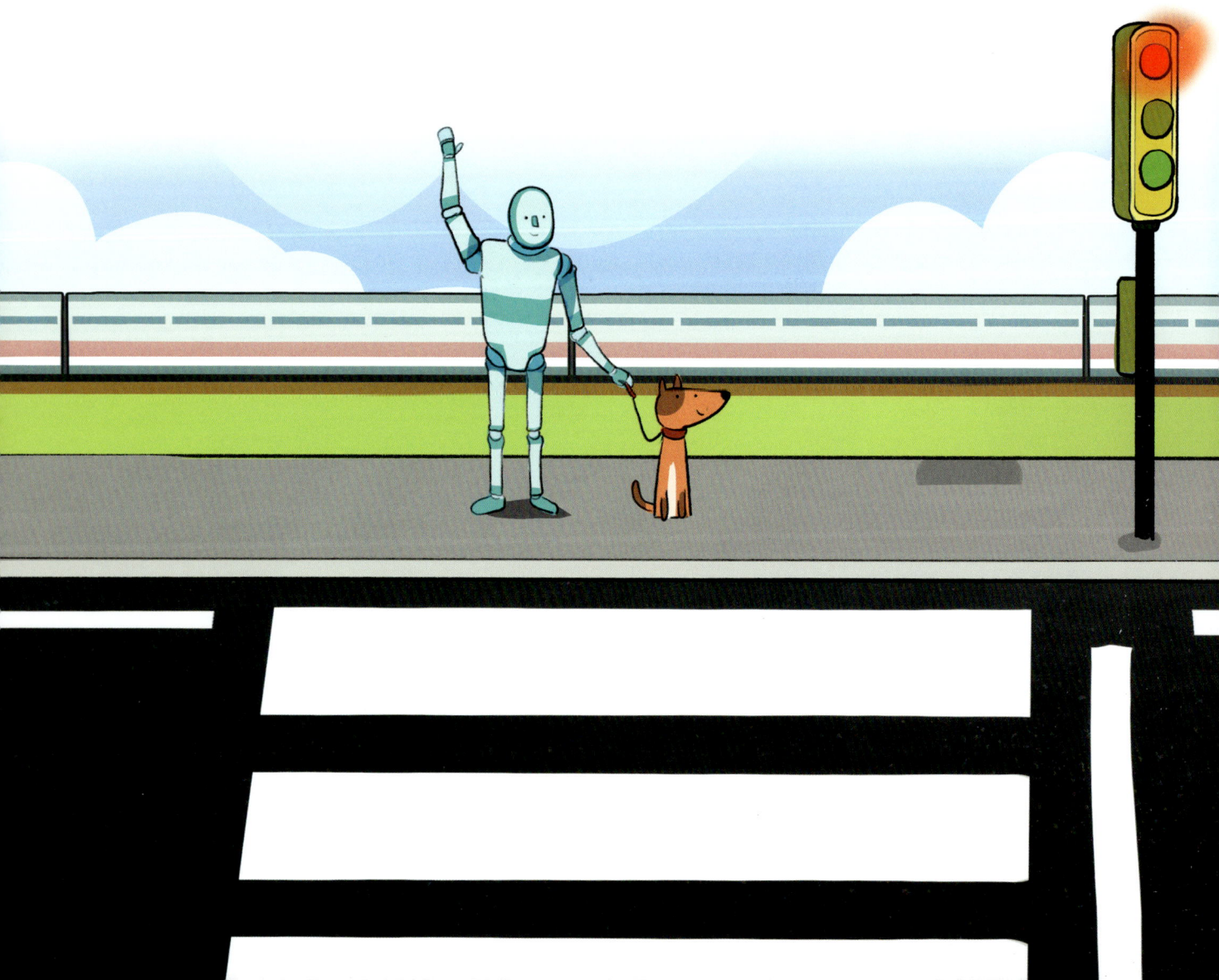

Los coches autónomos utilizan sensores e inteligencia artificial para entender el tráfico y tomar decisiones en la carretera, haciendo los viajes más seguros y cómodos.

La realidad virtual y la realidad aumentada seguirán mejorando y asombrándonos en los próximos años. Con la realidad virtual, podrás ponerte unas gafas y transportarte a cualquier lugar del mundo, o incluso a mundos fantásticos de tus videojuegos favoritos.

La realidad aumentada, por otro lado, añade elementos digitales al mundo real. Por ejemplo, podrías usar una *tablet* para ver dinosaurios caminando por tu salón o para aprender sobre el sistema solar con planetas que flotan a tu alrededor.

Consejos para futuras mentes tecnológicas

Si te interesa la tecnología, ya sea la robótica, la programación o la inteligencia artificial, lo más importante es tener curiosidad y no dejar de aprender nunca. Mantén la mente abierta y explora cómo la tecnología puede aplicarse en diferentes campos.

El futuro de la tecnología depende de personas como tú. Con tu creatividad, curiosidad, inquietud y ganas de aprender, dispones de los ingredientes perfectos para contribuir a mejorar el mundo. La tecnología es solo una herramienta que, usada correctamente, te hará soñar a lo grande. ¡El futuro está en tus manos!